父与子

全集
（彩色纪念版）

Vater und Sohn

[德国]卜劳恩作 洪佩奇着色、编辑

译林世界连环画漫画经典大系

凤凰出版传媒集团 译林出版社

感天动地父子情

图书在版编目(CIP)数据

《父与子》全集:彩色版／(德)卜劳恩著;洪佩奇编. —南京:
译林出版社,2007.5(2008.11重印)
(译林世界连环画漫画经典大系)
ISBN 978-7-80657-546-8

Ⅰ.父… Ⅱ.①卜…②洪… Ⅲ.漫画:连环画-作品集-
德国-现代 Ⅳ.J238.2

中国版本图书馆 CIP 数据核字(2007)第 059217 号

书　　名	《父与子》全集(彩色纪念版)
作　　者	[德国]卜劳恩
编　　者	洪佩奇
出版发行	凤凰出版传媒集团
	译林出版社(南京市湖南路 47 号　210009)
电子信箱	yilin@yilin.com
网　　址	http://www.yilin.com
集团网址	凤凰出版传媒网 http://www.ppm.cn
印　　刷	南京爱德印刷有限公司
开　　本	787×1092 毫米　1/20
印　　张	10
版　　次	2007 年 5 月第 1 版　2008 年 11 月第 8 次印刷
书　　号	ISBN 978-7-80657-546-8
定　　价	(精装本)28.00 元

译林版图书如有印装错误可向承印厂调换

前言

　　连环漫画大师埃·奥·卜劳恩（E.O.Plauen）原名埃里西·奥塞尔（Erich Ohser），1903 年 3 月 18 日出生于德国福格兰特山区阿尔多夫附近的翁特盖滕格林村，1907年他的全家迁居到福格兰特山区的首府卜劳恩市。少年时代奥塞尔学过钳工，后来在著名的莱比锡绘画艺术学院进行深造。在学习期间，他结识了许多良师益友，因为学习成绩优秀，还获得过 1000 马克的奖学金。经过 6 年多的学院学习后，他成了一名自由职业画家，先后给《横断面》、《新莱比锡报》、《前进》、《诙谐报》等许多报刊杂志作过画。

　　20世纪30年代初，世界性的经济危机蔓延到德国，造成了严重的政治后果，希特勒当权后，德国成了极其恐怖的人间地狱，个人安全根本没有保障。即使如此，奥塞尔也不愿离开柏林，与大多数人想法一样，他认为新政权不会长久，而他的创作则更需要这个城市的澎湃活力。

　　由于作品中的政治倾向，他被德国新闻协会定为"从事过宣传马克思主义危险政治活动"的漫画家，禁止他从事报刊漫画家的工作。1934年奥塞尔迁居到兰河畔美丽的城市马尔堡，隐居在岳父母家中。

　　在长达数月的消沉之后，终于时来运转。1934年春，《柏林画报》编辑库尔特·库森贝格博士准备开辟一个新的连环漫画专栏，由于期望过高，一直没找到合适的漫画家。在物色了数十个漫画家人选之后，奥塞尔被邀请试画这个专栏的草图，于是他创作了《父与子》等几个连环漫画故事。当他的这些初稿拿到《柏林画报》后，立刻受到了高度的赞扬，画报社认为"采用奥塞尔这个有政治问题的漫画家虽然会有很大的风险，但冒这个险非常值得！"《柏林画报》是当时德国权威的画报社，经过交涉后，奥塞尔最终获准发表非政治性的作品。由于他过去有所谓的左的政治问题，于是改用笔名埃·奥·卜劳恩，这个笔名是由他姓名的第一个字母以及他童年生活过的城市卜劳恩构成的。

　　1934 年 12 月 13 日《父与子》第一个连环漫画故事《差透了的家庭作业》问

作为《柏林画报》题图的卜劳恩与爱子克里斯蒂安的照片。

1931年卜劳恩发表在《新评论》上讽刺戈培尔的漫画。他的政治漫画使纳粹恨之入骨。

卜劳恩发表在《新评论》上讽刺纳粹的政治漫画：为民众效劳。

世于《柏林画报》第50期上，随后每周发表一个《父与子》故事。

《父与子》问世后获得了巨大的成功，成千上万封热情洋溢的读者来信如雪片飞来，市场上出现了大量的以"父与子"形象为造型的玩具、巧克力、瓷器等，印有"父与子"画像的餐巾、胸针、烟灰缸、饼干筒等商品随处可见，此外，《父与子》的故事还出现在舞台上及广播中……卜劳恩因此一举成名。

《父与子》的成功主要来自卜劳恩的爱子的深情。作品中的父子俩实际上就是卜劳恩与儿子克里斯蒂安的真实写照。1934年《父与子》问世时，天真无邪的克里斯蒂安年仅3岁，当时联邦德国《斯卡拉》杂志发表了一幅卜劳恩伏在地上给儿子当马骑的照片，并注释道："尽管卜劳恩与儿子克里斯蒂安在一起的无忧无虑的日子很短暂，但连环漫画《父与子》的素材多来源于此。"作品中一幅幅小巧精湛的画面闪烁着智慧之光，无言地流泻出纯真的赤子之情与融融的天伦之乐，永远地震撼着人们的心灵。

尽管《父与子》取得了非凡的成就，但1936年2月纳粹当局仍然对卜劳恩发出禁令，由于《柏林画报》的再次交涉，禁令才暂时撤消。这个事实表明，不管卜劳恩的成就有多大，他的处境依然相当危险。

《父与子》在《柏林画报》上共连载了三年，结束于1937年12月。最初乌尔斯泰恩出版社曾出版过三本《父与子》画集，各有50个父与子的故事：第一本画集中的40个故事是《柏林画报》上发表过，10个故事是首次发表的，第一版便印了9万册，销路极好；其余两本画集分别出版于1936年与1938年。

《父与子》结束后，卜劳恩为寻找工作到处奔波，始终无法创作他喜爱的有政治性的漫画。在日益增加的政治压力下，他陷于现实与责任和良心的冲突之中。他憧憬未来，但对现实又感到悲观失望，矛盾心理使他的精神极度苦闷。

卜劳恩十分憎恨纳粹法西斯，在那些恐怖的岁月中，不但以尖刻的漫画进行讽刺，而且还常在官方艺术展览会、防空洞等许多不同场合进行嘲笑与责骂，当时纳粹宣传部长戈培尔对他恨之入骨。

1943年11月，卜劳恩在布达佩斯大街的画室被空袭的飞机炸毁，他在维尔默斯多尔夫区的住宅也遭到了破坏，于是他与老友埃里希·克瑙夫一起迁居到柏林东郊的考尔斯多夫。由于他生性耿直，说了别人连想都不敢想的话，结果1944年3月被邻居告发，他与克瑙夫一道被指控犯"反国家言论罪"而遭逮捕。在戈培尔的直接安排指使下，纳粹臭名昭著的"人民法庭"决定迅速判处卜劳恩的死刑。4月6日，在开庭前夕卜劳恩自杀于牢房。

为了给朋友开脱，卜劳恩在遗书中承担了全部的指控，在给妻子玛丽加尔德的诀别信中他这样写道："……我为德国而画画（这一行字写后又被他划掉，反映了他当时的绝望心情）……带着幸福的微笑，我去了。"这样，一代幽默大师被万恶的法西斯无情地扼杀了。

卜劳恩是继海恩里希·霍夫曼和威廉·布施之后的又一德国艺术巨匠，他的艺术生涯十分短暂，作品不多，但成就卓著，他的《父与子》被誉为德国幽默的象征。

《父与子》在我国也产生过巨大的影响。早在20世纪30年代《父与子》便传入我国，当时吴朗西先生在《美术生活》杂志上第一次将《父与子》介绍到中国来，并且他还送了一本50套的《父与子》画集给鲁迅先生，鲁迅先生非常喜欢这本画集；丰子恺先生也曾高度赞扬过《父与子》，在他的推荐下，1951年上海文化生活出版社在国内第一次以画册的形式出版了《无字连环漫画父与子》，丰子恺先生还为这本画集写了序；华君武先生早在20世纪50年代就写过一篇专门介绍《父与子》的文章，十分推崇卜劳恩的艺术才能，在他的建议下，德意志联邦共和国斯图加特对外关系协会于1984年4月14日至27日在北京中国美术馆举办了《德意志联邦共和国漫画家卜劳恩作品展览》；方成先生在他的连环漫画论著中也多次以《父与子》为例证，并创作了自己的《父与子的故事》……

《父与子》全集的20开版本是1989年译林出版社成立以后出版的最早的图书，由于当时制版印刷条件的限制，质量并不能尽如人意。为了使我们这套世界连环画漫画经典图书更精美，2002年新春之际我们以最先进的制版技术将这些画册重新制版、包装，相信读者都会更加珍爱我们这套图书！

卜劳恩与挚友埃里西·克瑙夫。他们因咒骂希特勒与戈培尔而同时被害。

我与《父与子》全集

洪佩奇

　　1986年我在江苏人民出版社美术编辑室工作时编了一本《皮德漫画》，因为畅销，我受到了很大的启发，于是第二年讨论新书选题时我就报了卜劳恩的《父与子》全集。其实，当时我对《父与子》的了解并不多，并且当时在国内出现过的《父与子》最多也不到150套，到底能否编好这本全集最初我也没谱。这时同编辑室的柯明先生给我出了个主意，建议我写信给德国大使请求帮助，于是我抱着试试看的想法写了封信。令人意外的是，几天之后便收到了德国大使的回信，由于德国大使的介绍我很快到了当时德意志联邦共和国驻上海领事馆，当时特奥多尔领事问明我的来意后，答应对我提供帮助。后来特奥多尔的司机告诉我说，他们的领事是一位热心的使者，工作非常认真，领事馆周围的许多文化工作者都曾被他邀请到德国做过文化交流……

　　于是我回来静等回音。没几天果真收到了特奥多尔寄来的一大包邮件，打开一看，里面是两本卜劳恩的画集，其中一本豪华大画册是卜劳恩的儿子给父亲出的纪念集，全面地介绍了卜劳恩的生平与作品。我大喜过望。从给德国大使写信至此，前后仅23天，周围的同事都为这些德国人的认真与效率大为惊奇！

　　这样，我终于顺利地编成国内最早的《父与子》全集。我编的《父与子》全集共有两个版本，一是江苏人民出版社的16开版本，一是译林出版社的20开版本。16开版本的读者对象主要是专业漫画家和漫画爱好者，除了198套《父与子》连环漫画，还有一篇较详细的卜劳恩生平与创作的介绍以及部分习作、图片等资料；20开版本的读者对象主要是广大作者，其中包括了《父与子》的全部作品。十几年过去了，这两个版本经历了时间的考验，一直畅销至今，重印数十万，深受读者喜爱，1994年20开的版本还被评为全国优秀畅销书。

　　应该说明的是，这两个版本都存在一些缺撼：由于当时种种条件的限制，还有不少图文资料没有编入16开的版本，而20开版本则因当时制版水平落后而不如人意。为此，在这20开版本第10次重印之际，特意重新制版。

　　非常难得的是国内的许多出版社对我们这个《父与子》全集的版本十分感兴趣，经常愉快地借用这个版本。例如，山东的黄河出版社竟全盘翻印了我们的《父与子》全集，而成都的天地出版社借用的这个版本（此外还借了我编的许多其他的画册）不足两年竟销了10万册……说真的，我真为此感到高兴，因为模仿是最真诚的恭维，这些年轻的编辑毕竟是真心实意的追随者！

　　不过我们的《父与子》全集到底是源头，细看毕竟不同，不是吗？

差透了的家庭作业

引人入胜的书

汽车出了故障

会走的箱子

孩子吵架大人闹

越看越像

正中靶心

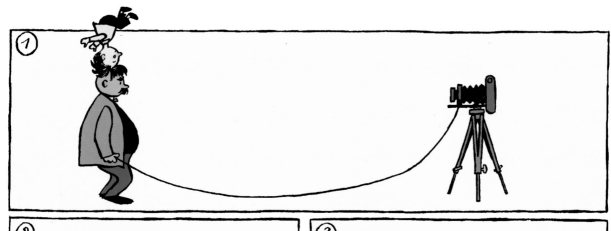

装饰照片

图画的局限

锻炼成名手

家中的游艺演出

哄儿入睡

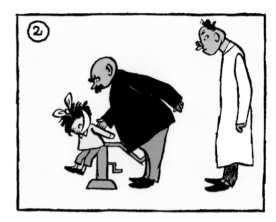

好的榜样

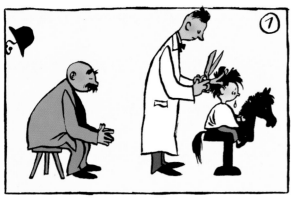

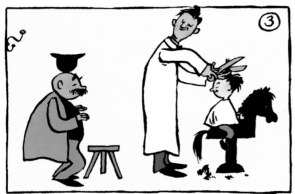
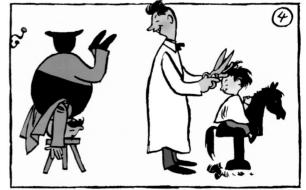

"前长、后短！"

忘加葡萄干的蛋糕

寻找出逃的儿子

甘为孺子牛

儿子的报复

复活节的小兔

复活节的小兔

彩蛋是小兔送来的

挑战失败

"买四张儿童票！"

球赛再现

鱼儿来信

顺利的解决

实用的发明

一年之后

玩耍时不得来打扰

本性难移

生日的惊奇

这下足够了

输不得的父亲

指责也该有限度！

父子各一对

夕阳西下图

失败的音乐会

假梦游病患者

救命！

吓人的胡子

可疑的螺旋形

再来一次，这太有意思了！

误把光头当足球

梦与现实

不值得帮助的家伙

人靠衣装

得按次序

以为失火

艺术的魅力

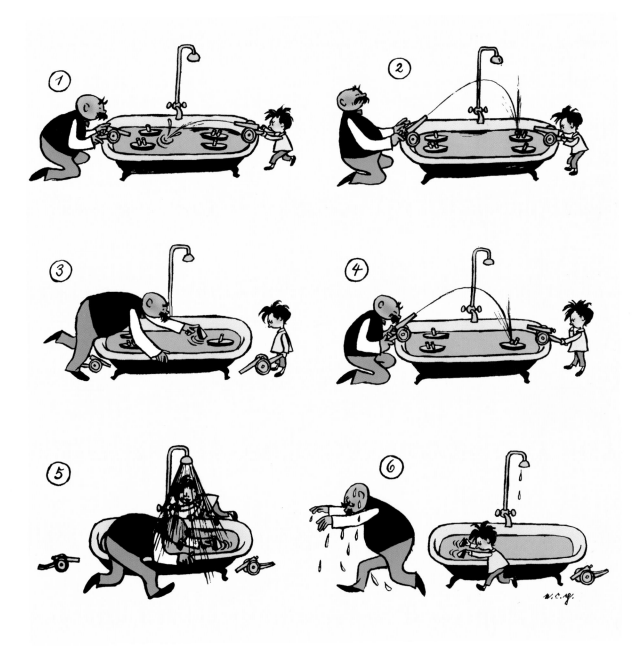

战争允许一切手段

最后一个苹果

倔强的马

父亲签名

没骗人，真钓了条大鱼

制作圣诞礼物的秘密

圣诞礼物

除夕新事

结果好即一切好

爱心的奉献

聪明的马

狗的启示

注：图中外文意为爱虚荣者

击中了要害的题词

烟火雪茄

假面舞会的化装

喂天鹅

带锚的帽子

白套近乎

上当了!

让复活节的兔子吃惊

蒙混过关

爱子的力量

这下不像了！

这回无法偷吃了

叼回铅弹

蘑菇

难舍美人鱼

管教晚矣

驯马的对策

假期第一天

全部输光

放生以后

注：书脊上的书名为《歌德》

我要歌德的书

医生禁止他喝浓咖啡

参加奥林匹克运动会的铅球运动员

意外的冠军

同情马蜂的教训

逃学的人

无可救药

儿子的礼物

新镜子

忍无可忍

吃力不讨好

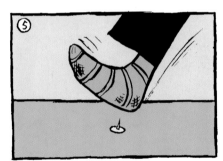

图钉妙用

想当父亲也不难

吸引人的书

退敌之计

木偶戏

拍电影的"兔子"

家教

曾祖父、祖父、父亲和儿子

魔术书

节前的秘密

圣诞节的贵客

新年好！

除夕的一场虚惊

飞来的一只野鸭

我们还缺少的晨报

航空信带来的惩罚

雪人的反击

自制的雪橇

痛苦的自责

一条滑道的发现

狮子来了

养鱼记

父与子是马二百万克和宫殿的继承人

大笔遗产

在宫中的嬉闹

意外的礼物

海虾带来的烦恼

习惯的力量

虚荣心治好了

见怪不怪，其怪自败

救命

行善的结果

现实的教育

话筒里还得有声音

悲伤的乐曲

敲钉试验

仆人的任务

忠实的仆人

夏季旅行中的事故

饥饿奏鸣曲

原来要火

六星期后

浮瓶通讯

意外的猎物

妙极了、父亲还会这一手

被盗的衣服与音乐的作用

并非救星

独创的鱼网

船未造成，脸却刮净了

插话者

海狸的报复

袋鼠的友谊

新船下水

挖陷阱捉山羊

信鸽

做了好事，得了恶报

一股强烈的龙卷风

准备就绪

幻想破灭

鲁宾逊的追随者

这才是金子！

意外的勋章

"瞧，我给你带回来了什么！"

期待已久的精神食粮

意外获救

又回到了家

哎！我是这个长相吗？

抢先一步

骗人的把戏

出租、出售
面具

戴镜有方

父亲见不得血

兔死人悲

幻灭

给裸像遮羞

帮忙上了当

来自上方的回答

实例警告

祖先画廊

爱犬难舍

大好时机

醉后剃须

快乐的代价

训狗

迅速满足的愿望

可笑的胡子

不必要的悲哀

荡秋千
更有益
于健康!

西洋镜中的小欺骗

惹是生非者

示众

蜡像馆中真假难辨

捉弄有钱人

有心与无意

在芬兰浴室中

糟糕的上钩拳

棋盘式领带

蒸汽机式咖啡壶

可上锁的上衣

用不着弯腰了

无顶帽子

带衬衣领的低帮皮鞋

职业：发明家

① 一位女士当众在舞台上被锯断

③ 禁止入内

骗人的把戏

幸灾乐祸的代价

自负的鬼怪

重温先前的梦

打错了人

原来是他们俩

成名之后

告别

译林出版社漫友会章程

宗旨

介绍世界连环画（COMIC，包括连环漫画和连环故事画）和漫画（CATOON，独幅漫画与动画）经典、世界连环漫画史和当今世界漫坛动态及有关信息，提供供学习与欣赏的世界连环画漫画的艺术珍品。

会员构成

一、普通会员

将一次性会费5元汇至译林出版社漫友会，并将您的年龄、学历、工作单位、联系方法（住址、电话、传真、个人主页、电子信箱等）填在汇款单的"汇款人简短留言"处，本漫友会查收后为您建立个人档案并吸收为普通会员；

二、一级会员

各省、市漫画家协会会员及发表过一定数量漫画作品的漫画爱好者入会，将一次性会费5元及个人创作简历汇寄至本漫友会，即为您建立个人档案并吸收为一级会员；

三、资深会员

著名漫画家及漫画理论家均可免费入会，自愿入会者来函即列为资深会员。

漫友会会员升级标准

一、普通会员单次购译林版漫画丛书400元（或其他图书1000元）以上或一年中累计购译林版漫画书800元（或其他图书1500元）以上，均可申请转为一级会员；

三、译林漫友会一级会员单次购译林版漫画丛书800元（或其他图书1000元）以上，或一年中累计购译林版漫画书1500元（或其他图书2000元）以上，均可申请转为资深会员；

四、译林漫友会一级会员凡一年中在全国各主要漫画杂志、漫画报纸及有关学术期刊中发表个人作品三十幅以上者可申请转为资深会员；

漫友会会员享受待遇

1. 译林漫友会将定期向各位会员免费邮寄所出版的漫画书信息及本社图书目录；

2. 漫友会普通会员邮购译林版图书均享8折优惠；一级会员购译林版图书享受7.5折优惠；资深会员除享受邮购译林版图书6.5折优惠外，还可得到一定的新版译林漫画赠书；

3. 凡在报刊杂志上专文介绍译林版漫画书的漫友会会员，均可得到所介绍图书的赠书；

4. 漫友会会员购书均免收邮挂费（约占图书定价的15%）。